KUNSTANST!FTER

EINE STADT

Begegnungen

LINDA WOLFSGRUBER

ROSA liebt Pflanzen. Auf der Dachterrasse freut sich ihre Katze Kelly auf Rosa, das stachelige Bitterorangenbäumchen jedoch beschnuppert sie mit Abstand. Bis zur ersten Ernte werden Jahre vergehen, doch dann wird Rosa ihren beiden Männern eine wunderbare Bitterorangenmarmelade auf den Frühstückstisch stellen.

JODOK hat sich zu seinem 16. Geburtstag Bienen
gewünscht und drei Bienenstöcke samt Imker-
kurs von seinen Eltern geschenkt bekommen.
Zum Studium ist er in eine andere Stadt gezogen
und seither pflegt seine Mutter WENDEL die
Bienenvölker mit seiner Hilfe. Das Bienenjahr
beginnt im Februar, sobald die ersten Erlen und
Haselsträucher blühen und die emsigen Insekten
ausströmen. An den Farben ihrer gelben, beige-
oder orangefarbenen Höschen kann man sehen,
welche Pollen sie gerade gesammelt haben.
Im Frühsommer wird Wendel dann den ersten
Honig ernten.

FLORA bereitet sich auf ihr Medizinstudium vor. Ihr Kopf ist voll vom vielen Lernen und von zwei Fragen. Wird sie die Prüfung bestehen? Wird das ihre Stadt werden, wo sie in den nächsten Jahren leben wird? Sie genießt das Flanieren, um ihren Kopf freizubekommen.

JOSEF ist gut drauf, soeben hat er seine Abschlussprüfung bestanden und ist gespannt, wie seine Zeit als Zivildiener mit Menschen mit Behinderung sein wird.

KATHY pendelt täglich in die Stadt, um in
verschiedenen Wohnungen zu putzen.
Sie ist sehr gewissenhaft, putzt sauber und ist
immer pünktlich auf die Minute. Kathy spricht
nicht gut Deutsch, deshalb kann sie sich mit den
Arbeitgeberinnen nur wenig unterhalten.
In den Momenten, in denen sie allein in einer
Wohnung ist, fühlt sie sich als Herrin des Hauses,
geht ihren Träumen nach und freut sich auf
das Wochenende, wo sie Zeit für ihre Familie
und ihren Freund findet.

MARISA freut sich auf ihr erstes Kind.
Es wird ein Mädchen. Sie mag die Stadt und
liebt das Reisen. Ihr Mann baut soeben
das Auto zum Wohnauto um, mit einer kleinen
Küche und vier Betten. Bald werden sie
zu dritt in andere Länder reisen, und dann
später vielleicht auch zu viert.

LARA SOPHIA und LORENA sind Schwestern,
doch sie leben in verschiedenen Wohngemein-
schaften. Lara Sophia ist Grundschullehrerin,
sie lehrt und begleitet Kinder, die erst kürzlich in
dieses Land und diese Stadt gekommen sind.
Lorena studiert hier, sie singt gerne und schreibt
eigene Lieder. Sie tauscht lieber Kleider, als sich
neue zu kaufen. Die Mütze war ein Geschenk
und sie findet sie wunderschön.

UTE und HERBERT haben sich spät kennen-
gelernt, waren öfters gemeinsam essen,
sind Freunde geworden, und haben sich in
dem Moment ineinander verliebt, als Ute
ihre Hand auf die seine legte. Nun genießen
sie die gemeinsame Zeit.

JONAS verzaubert mit seinem Lächeln Groß
und Klein, besonders seine Mama.

ELVIRA liest gerne und kommt immer mit einem Buch zum Baden. Sie hat ihr Hobby zum Beruf gemacht und ist Bibliothekarin. Ihren alten Beruf als Schneiderin verraten ihre selbstgenähten Kleider. An manchen Tagen trägt sie hellgrün bis dunkelgrün, an anderen rot, rosa und orange und im Winter trägt Elvira ocker und braun. Am liebsten sind ihr Badekleider, denn das bedeutet Sonne und Wärme. Wärme schenkt sie ihrem Mann, der in einem Pflegeheim lebt und mit dem sie jeden Sonntagnachmittag eine Ausstellung besucht.

GERTRUDE sammelt im Hochsommer für
ihre Wildkräutermanufaktur am Stadtrand Gold-
rute und Schafgarbenblüten. Ein Teil der Blüten
wird später eingezuckert und ziert vielleicht
einmal eine Torte. Aus Schafgarben und Kirsch-
pflaumen, die an einer anderen Stelle gesammelt
wurden, wird ein Sirup gemacht. Der Rest
kommt in die Vase.

LUISA übt sich seit ihrem siebten Lebensjahr
als Luftakrobatin. Gemeinsam mit MANFRED
und anderen Zirkusartistinnen tritt sie bei
verschiedenen kleineren Veranstaltungen auf.
Mit Konzentration auf sich selbst, alles andere
ausblendend, erlebt Luisa erhebende
Momente der Leichtigkeit.

LUKAS und ANDREA lieben das Radfahren,
ganz besonders wenn ihre Mama zuschaut.
Andrea kann außer Radfahren auch Radschlagen
und eine Luftrolle auf dem Trampolin machen.
Lukas ist am glücklichsten, wenn er seinem Papa
bei der Arbeit helfen kann.

MARIKA weiß, dass Amseln Mehlwürmer und Rosinen am liebsten fressen. Amseln sind gute Sänger, doch dieses Jahr singt ein Amselpärchen nicht so schön. Die Distelfinken lieben Ysopsamen. Auf Marikas Terrasse stehen zwei große Blumentöpfe mit Anisysop. Im Winter hängen sich die Distelfinken an die langen Ähren und picken die Samen heraus. Die Amseln kommen das ganze Jahr, sie fliegen auch nicht davon, wenn Marika und ihr Mann Peter auf der Terrasse frühstücken. Nur Tauben sind ungebetene Gäste.

INGE möchte einen Wanderführer für die Stadt schreiben. Jetzt besucht sie den Teil der Stadt, wo bald viele neue Häuser stehen werden. Die Schaukelpferde und der Teich zeigen, dass sich junge Familien hier wohlfühlen können.

GIUSEPPE ist Bioheumilchbauer von 16 Kühen, die alle, außer einer Kuh, Hörner tragen. Im Sommer sind sie auf der Alm, wo es nahrhaft sättigende Gräser und Kräuter gibt. Jeden Abend kehren die Kühe von allein zum Melken in den Stall zurück. Jetzt im Herbst besucht Giuseppe die Landwirtschaftsmesse in der Stadt und nimmt sich auch Zeit, Freunde zu treffen, durch die Gassen zu schlendern und ein gemütliches Kaffeehaus aufzusuchen.

LEO ist bei Sonne, Regen oder Schnee mit seinen Inlineskates unterwegs. In seinem Rucksack trägt er einen übermalten Laptop, Zeichenstifte und vielleicht irgendwelche Kräuter. Zwischen der Kunstakademie und seinem Job als Koch im Bioladen bleibt für ihn immer noch genug Zeit, um Wasserpflanzen in einer Badewanne zu züchten, Möbel aus Karton zu bauen oder mit seinem Neffen zu spielen. Seine kleine Wohnung braucht er im Winter nie zu heizen, denn die Nachbarwohnungen geben genug Wärme ab.

ALMA zieht ihr blaues Tier hinter sich her und erklärt: »Das ist eine Kuh!«

LUISE zeichnet und malt mit Bleistift und Farben Wildpflanzen, die zwischen Pflastersteinen und Häuserwänden gedeihen. Sie nimmt ihre Werke und die Pflanzen mit in ihr Atelier, wo an der Wand eine Pflanzentapete wächst. Es ist eine Installation aus Zeichnungen und getrockneten Pflanzenteilen, deren Schatten sie auf die Bilder überträgt. Jetzt in der kalten Jahreszeit geht sie zum Zeichnen auch gern ins Kunsthistorische Museum, dort ist es angenehm warm.

DORIS und TOBIAS sind zu Besuch in der Stadt. Die beiden denken darüber nach, wie es wohl wäre, hier zu leben. Aber bald schon fahren sie wieder nach Hause, aufs Land, und freuen sich auf ihre Hochzeit im Spätsommer.

PIPIN ist vor mehr als 80 Jahren in dieser Stadt geboren und kennt sie so gut, dass er für seine Familie und für seine Freunde im historischen Stadtteil gern Führungen macht. Seine Erzählungen von Kirchen, Friedhöfen, Industriegebäuden, Märkten, Bädern und von Häusern, wo einst berühmte Frauen und Männer gewohnt haben, machen die Stadt zu einem Erlebnis für alle, die ihm lauschen. Doch dieser Teil der Stadt ist auch für Pipin neu und er entdeckt ihn nun erst einmal ganz für sich.

ENHAMULLAH ist ohne seine Familie in diese Stadt gekommen. Neben dem Sprachunterricht arbeitet er als Küchenhilfe und wohnt mit anderen Jungen in einer Wohnung. Drei Frauen kümmern sich um ihn, sie helfen ihm bei behördlichen Gängen, gehen mit ihm schwimmen oder spazieren und laden ihn manchmal zum Essen in ihre Familien ein. Sein größter Wunsch ist es, Staplerfahrer oder Fahrer für Zustelldienste zu werden, denn er liebt Fahrzeuge über alles. Nun hofft er, dass er bald eine eigene Wohnung mieten kann und für immer in dieser Stadt leben darf.